KABIR

IM GARTEN DER GOTTESLIEBE

112 GEDICHTE DES INDISCHEN MYSTIKERS
DES 15. JAHRHUNDERTS
NACH DER ÜBERSETZUNG VON
RABINDRANATH TAGORE

INS DEUTSCHE ÜBERTRAGEN VON
GUNTHER WOLF

WERNER KRISTKEITZ VERLAG

Vorwort zur 2. Auflage

9 Jahre sind vergangen, seitdem die erste Auflage von KABIRS *Im Garten der Gottesliebe* in unserem Verlag erschien. In verhältnismäßig kurzer Zeit war die gesamte Auflage vergriffen – das sind nun schon wieder viele Jahre her – und noch immer besteht große Nachfrage.

Das Bändchen fand auch vonseiten der Fachleute gute Aufnahme; »die beste KABIR-Auswahl in deutscher Sprache«, urteilten Fachleute – und das erfüllt uns mit Stolz.

Viele Menschen haben auch in den Versen KABIRS Erbauung und Trost gefunden, auch die geistige Welt fremder – und letztlich doch gar nicht so fremder – Völker und Religionen besser kennen und schätzen gelernt. Gerade Letzteres ist in der Zeit, in der wir jetzt leben, wo Nationalismus, Rassismus, Hass und Neid wieder lawinenartig hervorbrechen, von besonderer Bedeutung und Wichtigkeit.

Die Beschäftigung mit KABIR und seiner hohen Kunst der GOTTESLIEBE soll nach wie vor zum Nachdenken, zur Meditation, zur Versenkung und zur Ein- und Umkehr bewegen als »wirkendes Wort« eines Gotterfüllten, der liebt und Liebe predigt.

In diesem Sinne soll die zweite Auflage – nach schweren Zeiten – wiederum ihren Weg zu den Herzen der Menschen machen.

Heidelberg / Rothenberg, am Tage des Johannis Baptista 1993
G. G. Wolf, Hermes-Verlag

Vorwort zur Neuausgabe in 3. und 4. Auflage

Nachdem auch die zweite Auflage schnell ausverkauft und lange Jahre vergriffen war, hat dieses wertvolle Buch nun – auf vielfachen Wunsch – im Werner Kristkeitz Verlag eine neue, dauerhafte Heimat gefunden.

Der Text und seine vom Übersetzer in kaum übertreffbarer Weise wiedergegebene poetische Sprache blieb, wo immer möglich, unverändert. Nur an wenigen Stellen wurden kleine Fehler korrigiert und die Rechtschreibung heutigen Gepflogenheiten behutsam angepasst.

Möge das Buch auch in Zukunft zahlreichen Menschen ein steter Begleiter auf ihrem Weg werden.

Heidelberg, im März 2005
Werner Kristkeitz

Einleitung

Noch heute gibt es im nördlichen Zentralindien eine Sekte, die sich von unserem Dichter KABIR ableitet und sich nach ihm benennt, die Kabirpanthis; diese sind freilich weit weniger bekannt als die von KABIRS Zeitgenossen NANAK (1469–1539) begründete Bewegung der Sikhs, die gerade erst neuerdings von sich reden machte.

NANAK und KABIR rechnet man beide der BHAKTI-Bewegung zu, einer nicht nur auf religiöse, sondern auch auf soziale Veränderung zu Gunsten der Unterprivilegierten gerichtete Bewegung, die sich gegen die starre, immer wieder praktizierte Vorherrschaft der Brahmanen richtete.

Die Geschichte des Islam in Indien – religiös und damit kulturgeschichtlich gesehen – begann eigentlich mit jenem berühmten Sufi-Mystiker HUSAIN IBN MANSUR AL-HALLAJ, der sich als »absolute Wahrheit« (»Ich bin Gott« = »ana'l haqq«) bezeichnete und auch deswegen in Bagdad 922 grausam hingerichtet wurde.

HALLAJ wurde in der Tradition des auch nach Indien wirkenden Sufismus zum Vorbild des großen Liebenden, der das Geheimnis der großen Einung zwischen Gott und Mensch verkündete; er wurde zum Märtyrer der Gottesliebe. Nicht zuletzt seinem Einfluss ist die Verbreitung von Mystiker-Bruderschaften im 11. Jahrhundert und das Eindringen des Islam in das dafür empfängliche Nordwestindien zu danken.

Der Gelehrte A'L BIRUNI (gest. 1048), der Mystiker HUJWIRI (gest. ca. 1071), Dichter wie ABU'L-FARAJ RUNI (und MAS'UD IBN SA'D-I SALMAN (gest. ca. 1131) begründen die muslimische Kultur in Nordwestindien. Hinzu kamen Sufi-Meister wie MU'IMID-DIN CHISTHI (gest. 1236) und BAKHTIAR KAKI (gest. 1235), NIZZAMUDDIN AULIYA (gest. ca. 1325), bei denen schon eine gewisse Beimengung hinduistischer Elemente zum muslimischen Sufismus feststellbar ist. Nicht zuletzt dadurch kam es zur Entwicklung einer hohen islamischen Kultur in Indien.

Dies ist (in aller Kürze!) der eine »Strang«, der zu KABIR und NANAK führte.

Der andere »Strang« (wie schon angedeutet) führte von der, im Grunde recht alten, hinduistischen BHAKTI-Bewegung über den südindischen Vaishnava-Philosophen RAMANUJA (1017–1137!) über den (Südinder!) RAMANANDA (15. Jahrhundert) zu KABIR.

Schon RAMANUJA wandte sich dagegen, dass Wissen das primäre Heils-Mittel sei. Vielmehr sei dies die Hingabe an Gott, einen Gott der Liebe und der Vergebung, der letztlich selbst »die Liebe« sei. Dies nahm RAMANANDA auf: »Ich hatte eine Neigung, mit Sandel und anderen Wohlgerüchen meine Verehrung Brahman darzutun. Aber der Meister (›Guru‹) enthüllte mir, dass Brahman in meinem Herzen war. Wohin immer ich gehe, ich sehe nur Wasser und Steine verehrt; aber Du bist es, der Du sie alle erfüllst mit Deiner Gegenwart. Sie alle suchen Dich inmitten der Veden umsonst. Mein eigener wahrer Meister (›Guru‹), Du hast geendet alle meine Täuschungen und Illusionen. Gesegnet seist Du! Ramananda ist verloren in seinem Meister, Brahman; es ist des Meisters Wort, das alle die Millionen Bande des Handelns zerstört.«

Man glaubt hier schon die Worte KABIRS selbst zu vernehmen. Von KABIRS Leben wissen wir wenig. Sein Name (arab.) bedeutet ›der Erhabene‹. Er soll 1440 in Benares, der heiligen Stadt am Ganges – der Legende nach – als illegitimer Sohn einer Brahmanen-Witwe (das soll etwas aussagen!) geboren sein. Sein Pflegevater (!) soll Moslem und Weber gewesen sein. Weber wurde auch KABIR wohl selbst später; auch soll er Familie gehabt haben. Aus Glaubensgründen soll er von Benares 1495 vertrieben worden sein und 1518 (ein Jahr nach Luthers Thesenanschlag in Wittenberg!) – etwa 78-jährig – in Maghar bei Gorakhpur in Uttar Pradesh gestorben sein.

Die Legende will, dass sich, nach seinem Tod (!), Muslime und Hindus stritten, wer ihn und nach welchem Ritus bestatten dürfe, aber als man das Tuch vom Leichnam zog, waren eitel Blumen darunter, deren eine Hälfte von den Muslimen in Maghar beigesetzt wurde, die andere von den Hindus verbrannt und im Ganges versenkt. Wie alle Legenden, so spricht auch diese für sich!

KABIR ist wohl als Muslim geboren und in der Kindheit erzogen. Vertrautheit mit dem Islam spricht aus vielen seiner Gedichte; vor allem sein Name weist ihn aus als aus einer Muslim-Familie stammend.

Die meiste Zeit seines Lebens (wohl etwa 55 Jahre) verbrachte KABIR, soweit wir wissen, in Benares.

Dort erlebte im 15. Jahrhundert die Bhakti-Bewegung ihre Blüte. Sufis und Brahmanen trafen sich dort zum Wettstreit über den »rechten Weg«. Dort lebte und wirkte auch um die Mitte des 15. Jahrhunderts der berühmte RAMANANDA, später KABIRS Lehrer. Auch um die Begegnung des jungen KABIR mit RAMANANDA rankt sich die Legende: KABIR, wohl wissend, dass es schwer sei, als junger Muslim Schüler eines Hindu-Meisters zu werden, verbarg sich an den Stufen zum Ganges, wo RAMANANDA zu baden pflegte. Als RAMANANDA die Stufen hinabschritt, stieß er auf KABIR und rief (erschreckt?) aus: »Ram! Ram!« (»Mein Gott!«), den Namen, unter dem er selbst Gott verehrte. Da erklärte ihm KABIR, dass er das Initiationsmantra aus RAMANANDAS Mund soeben empfangen habe, und wurde als Schüler zugelassen: seltsam und anstößig genug für orthodoxe Muslime und Hindus. KABIR scheint dann eine Weile RAMANANDAS Schüler gewesen zu sein; wie lange, wissen wir nicht. Auch nicht, ob er noch andere Meister später (etwa den Sufi PIR) hatte. Wir wissen nur von RAMANANDA als KABIRS Lehrer. Mit ihm scheint KABIR an den Disputationen zwischen Mullahs und Brahmanen, wie sie damals in Benares üblich waren, teilgenommen und die geistige Welt beider Religionen kennen gelernt zu haben. Auch mancherlei von KABIR verwendete Begrifflichkeit stammt wohl aus dieser Zeit.

Jedenfalls scheint sicher, dass er auf Dauer weder den Schul-Weg der Sufis noch den der Brahmanen ging. Er wog ab, verglich und bekannte: »Ich bin ein Kind von Allah und Ram!«

Gott war für ihn aber weder in der Kaaba (dem Heiligtum der Muslime in Mekka) noch auf dem Kailash (dem heiligen Berg Shivas) (vgl. Nr. 1), Gott war weder in der Moschee noch im Tempel (vom Christentum und Buddhismus ist bei KABIR nicht die Rede; er hat beide entweder nicht gekannt oder sich zumindest nicht mit ihnen auseinandergesetzt). NANAK, den Begründer der Sikh-Bewegung freilich hat er ausweislich Nr. 2 gekannt:

»Hindu und Muslim haben
gleicherweise erreicht
jenes Ende,
wo kein Zeichen des Unterschieds bleibt.«

Das Entscheidende für den Mystiker KABIR ist Gottes Liebe zum Gottsucher und die des Suchers zu Gott: Sein eigenes Inneres, sein eigenes Herz ist KABIR der »Garten der Gottesliebe«. Hundertfach wechseln die, oft aus dem Alltag des Handwerkers, des Schiffers, der Braut etc. genommenen Bilder, um diese Vereinigung zwischen Gott und Sucher, dem Sucher und dem Sein, dem Geliebten zu schildern, zu preisen, zu besingen: Denn KABIR war offenbar nicht nur Dichter, sondern auch Sänger, Musiker. Viele Verweise auf Instrumente und Klang legen dies nahe.

Wie viele Mystiker war er auch Handwerker – Weber –, etwa wie der Zeltmacher Paulus, der Schuster Boehme und viele andere. Fein gewoben scheinen auch seine Gedichte, deren Stoff aus KABIRS Herzen kommt, nicht aus dem Kopf.

KABIR lobt den Alltag, das Haus, die Familie. Aber über allem: die Liebe zu Gott, der ihn zuerst geliebt. Askese und Fanatismus sind ihm ein Gräuel. Er geißelt sie hart, oft mit Ironie und Spott. Riten und Bilderverehrung sind Tollerei – führen zu nichts, lassen lieblos und leer; nichts als »Wasser« und »Taubheit«: sinnlos! Kein Wunder, dass für die Orthodoxie des Islam und des Hinduismus KABIR immer als Gefahr galt (auch das hat er mit allen großen Mystikern gemein!); auch heute noch ist dem, der ihn recht liest und versteht, seine »Sprengkraft« deutlich.

Wie alle großen *homines religiosi* wurde auch er verfolgt, auch in Versuchung geführt, wie die Legende der durch die Begegnung mit ihm und seiner göttlichen Liebe bekehrte Brahmanen-Kurtisane erweist, wurde er vor die Obrigkeit, den – freilich recht toleranten – Kaiser Sikandar Lodi (1495) gebracht und von diesem verbannt. Wie viele Fromme musste er durch die Lande ziehen; nach 2 Jahrzehnten starb er dann hochbetagt in Maghar.

Seine Schriften sind in populärem Hindi geschrieben. Wie viel davon echt und authentisch ist, wissen wir nicht; vielleicht nur die Gedichtsammlung »bidschak« (Samen). Sicher nicht im Wortlaut die heilige Schrift der Kabirpanthis »bijkah« (Rechnung), die aus von seinen Schülern gesammelten Aussprüchen besteht.

Hier soll nicht KABIRS »Theologie« interessieren. Dazu sei auf die nachfolgend genannte (auszugsweise) Literatur verwiesen. Der Leser soll vielmehr KABIR begegnen, und in ihm sich selbst und dem Versuch, die Begegnung mit Gott / dem Göttlichen Sein zu begreifen, zu schildern als ein »umwerfendes« Liebes-Erleben; KABIR ist trunken von Gottesliebe, die im Mittelpunkt jedes einzelnen Gedichts steht.

Das Erleben der Begegnung mit diesen Gedichten soll hilfreich sein zur je eigenen Begegnung mit Gott, jenseits aller Grenzen und aller Gewöhnung, nicht »irgendwo draußen«, sondern ohne Scheu hinabsteigend in die Tiefe des Quellhauses der eigenen Seele.

St. Martini 1984   G. Wolf

Literatur (in Auswahl):

E. Underhill, Introduction (in: R. Tagore, One hundred poems of Kabir, Madras 1914/15)

F. E. Kaay, Kabir and his followers (London 1931)

H. H. Wilson, Essay on the Religion of the Hindus I, 68 ff. (London 1862) [Kabir war Hindu!]

E. Trumpp, Bemerkungen über den indischen Reformator Kabir (Atti des IV Congresso Itern. degli Orientalisti II, 159 ff., Florenz 1880/81)

G. H. Westcott, Kabir and the Kabir Panth (Cawnpore 1907; 2. Aufl. 1953) [Kabir war Moslem!]

M. A. Macauliffe, The Sikh Religion VI, 122 (Oxford 1909)

R. Ch. Bose, Hindu Heterodoxy – Chap. X (Calcutta 1887)

R. G. Bhandakar, Encycl. of Indo-Aryan Research III, vi, 67-73 (Straßburg 1913) [Kabir war Hindu!]

Diese unsere Übertragung (1983/84) beruht auf der englischen, jetzt 70 Jahre alten Übertragung (auf die mit allem Nachdruck verwiesen sei!) des berühmten indischen Philosophen, Dichters und Politikers RABINDRANATH TAGORE (*One hundred* poems of Kabir* – 1. Aufl. 1914/15 u. oft) (Macmillan, Madras), die ihrerseits auf dem kompilierten gedruckten Hindi-Text (mit Bengali-Übersetzung) von KSHITI MOHAN SEN (letzte der drei in den Überschriften genannten Zahlen; die zweite: Zählung nach TAGORE) beruht unter Hinzuziehung des Manuskripts der engl. Übersetzung von 116 Gedichten dieses Textes von AJIT KUMAR CHAKRAVARTY durch TAGORE.

---

*   Die Gedichte 17 bis 29 sind bei Tagore ein einziger Text; daher die unterschiedliche Zählweise im Original und in unserer Ausgabe. (Anm. d. Hrsg.)

IM GARTEN DER GOTTESLIEBE

O, der du Mir dienst, wo suchest du Mich?
Siehe, Ich bin bei dir.
Ich bin weder im Tempel noch in der Moschee,
weder in der Kaaba noch auf dem Kailash.
Weder bin Ich in Riten und Zeremonien
noch in Yoga oder Entsagung.
Wenn du ein wahrhaft Suchender bist,
wirst du Mich sogleich sehen,
Mir begegnen im gleichen Augenblick.
Kabir sagt:
O Sadhu!
Gott ist der Atem
allen Atems.

Es ist nutzlos, einen Heiligen zu fragen
nach dem Stand, zu dem er gehöre;
denn der Priester, der Krieger, der Händler
und alle die sechsunddreißig Stände
suchen gleichermaßen nach Gott.
So ist es Torheit zu fragen,
welches der Stand eines Heiligen sei.
Der Barbier hat Gott gesucht,
die Wäscherin und der Zimmermann –
sogar Raidas war ein Gott Suchender,
Rishi Swapacha war ein Gerber
nach seinem Stand.
Hindu und Muslim haben
gleicherweise erreicht
jenes Ende,
wo kein Zeichen des Unterschieds bleibt.

O Freund, hoffe auf Ihn, solange du lebst,
  wisse, solange du lebst,
  verstehe, solange du lebst,
denn zu Lebzeiten bleibt die Erlösung möglich.
Wenn du nicht, solange du lebst, diese Fesseln zerbrichst,
welche Hoffnung ist auf Erlösung im Tod?
Ein leerer Traum ist's,
dass die Seele, weil sie vom Körper entfernt,
mit Ihm vereint sein werde.
Wenn Er hier jetzt gefunden,
dann ist Er gefunden auch dort.
Wenn nicht, sind wir nur auf dem Wege
zu wohnen in der Stadt des Todes.
Wenn du jetzt die Vereinung erlangst,
wird sie auch bleiben danach.
Bade in der Wahrheit,
wisse den wahren Meister,
hab Vertrauen in den wahren Namen Gottes!
Kabir sagt:
Es ist der Geist des Suchens, der hilft,
ich bin ein Knecht des Geistes des Suchens!

Gehe nicht in den Blumengarten!
O Freund, gehe nicht dorthin.
In deinem Körper ist der Blumengarten.
Nimm deinen Sitz auf den tausend
Blütenblättern des Lotos,
und da bestaune die unendliche Schönheit!

Sag mir, Bruder, wie kann ich Maya entsagen?
Als ich das Binden der Bänder aufgab,
da band ich dennoch mein Gewand um mich:
Als ich es aufgab, mein Gewand zu binden,
da barg ich meinen Leib dennoch in seinen Falten.
So, wenn ich die Leidenschaft aufgebe,
sehe ich doch, dass der Ärger bleibt;
und wenn ich dem Ärger entsage,
so ist noch die Gier bei mir.
Und wenn die Gier überwunden,
bleiben doch Stolz und Prahlerei.
Wenn der Geist entrückt ist und Maya verwirft,
bleibt er doch am Buchstaben kleben.
Kabir sagt:
Hör mir zu,
lieber Sadhu!
Der wahre Weg wird selten gefunden.

Der Mond scheint in mir,
aber meine blinden Augen können's nicht sehen.
Der Mond ist in mir, die Sonne auch.
Die ungeschlagene Trommel der Ewigkeit
ist in mir zu hören;
aber meine tauben Ohren können's nicht hören.

Solange ein Mensch noch schreit
nach ›Ich‹ und nach ›Mein‹,
sind seine Werke ein Nichts.
Wenn alle Liebe zum ›Ich‹ und ›Mein‹ tot,
dann wird das Werk Gottes getan.
Denn Arbeit hat kein anderes Ziel
als das Erlangen von Wissen:
Wenn das eintritt,
wird die Arbeit beiseite gelegt.

Die Blüte blüht für die Frucht:
Wenn die Frucht erscheint, verschwindet die Blüte.
Der Geruch des Moschus ist im Wild selbst;
aber es sucht ihn nicht in sich selbst,
es wandert auf der Suche nach Gras.

Wenn Er Sich Selbst offenbart,
bringt Ihn Brahma zur Offenbarung,
das ewig Unsichtbare.
Wie in der Pflanze der Same,
im Baum der Schatten,
wie die Leere des Raumes im Himmel,
wie in dieser Leere unendliche Formen –
So kommt von jenseits des Unendlichen
das Unendliche.
Und von diesem geht das Endliche aus.

Das Geschöpf ist in Brahma
und Brahma ist im Geschöpf;
sie sind ewig verschieden
und doch ewig eins.
Er Selbst ist der Baum, der Same, der Ursprung;
Er Selbst ist die Blume, die Frucht und der Schatten;
Er Selbst ist die Sonne, das Licht und das Erleuchtete auch.
Er Selbst ist Brahma, Schöpfung und Maya.
Er Selbst ist die Vielfalt der Form, der unendliche Raum;
Er ist der Atem, das Wort und der Sinn.
Er Selbst ist zugleich
Ende und Unendlichkeit
und jenseits von beidem,
dem Endlichen und Unendlichen,
ist Er, das reine Sein.
Er ist der lebendige Geist
in Brahma und im Geschöpf.

Die Höchste Seele ist sichtbar
im Innern der Seele;
Der Mittelpunkt ist sichtbar
inmitten der Höchsten Seele,
und, Mittelpunkt Selbst,
reflektiert Er sich wieder.
Kabir ist gesegnet
ob dieser höchsten Schau.

Im irdenen Gefäß sind Gemächer und Haine
und darinnen der Schöpfer.
In diesem Gefäß sind die sieben Ozeane
und die unzähligen Sterne.
Der Prüfstein und der,
der die Juwelen prüft,
sind beide darin.
Und in diesem Gefäß
ertönet das Ewige,
und der Frühling
sprudelt hervor.
Kabir sagt:
Höre, mein Freund!
Mein geliebter Herr ist darin.

O, wie soll je ich bekunden das verborgene Wort?
O, wie kann ich sagen,
Er ist diesem nicht gleich
und gleicht jenem?
Wenn ich sage: Er ist in mir,
so ist das All beschämt.
Wenn ich sage: Er ist außer mir,
so ist es Lüge.
Er macht die inneren und
die äußeren Welten
zu einer unteilbaren Einen.
Das Bewusste und das Unbewusste sind beide
Schemel Seiner Füße.
Er ist weder offenbart noch verborgen,
Er ist weder ent- noch verhüllt:
Es gibt keine Worte zu künden,
was Er ist.

Ah Dich, der Du meine Liebe schufst, o Fakir!
Ich schlief in meiner eigenen Kammer –
und Du erwecktest mich,
mich treffend mit dem Klang Deiner Stimme.
Ich war am Ertrinken in den Tiefen
des Ozeans dieser Welt –
und Du hast mich errettet,
auf Deinem Arm mich hochhaltend.
Nur ein einziges Wort –
kein zweites war nötig –
und Du machtest mich los aller Bande, o Herr!
Kabir sagt:
Du hast Dein Herz
mit dem meinen vereint – o Gott!

Ich spielte Tag und Nacht mit meinen Gefährten,
und nun bin ich höchst bange.
So hoch ist der Palast meines Herrn,
mein Herz zittert, seine Stufen zu erklimmen.
Dennoch darf ich nicht scheu sein,
wenn ich mich Seiner Liebe erfreuen will.
Mein Herz muss sich den Weg zum Geliebten bahnen,
ich muss meinen Schleier zerreißen
und Ihm begegnen mit meinem ganzen Körper.
Meine Augen müssen dienen als Lichter der Liebe
bei dieser Feier.
Kabir sagt:
Hör auf mich, Freund!
Er weiß, wer liebt.
Wenn du nicht Liebessehnen fühlst
für deinen Geliebten,
dann ist's eitel,
den Körper zu schmücken,
deine Lider mit Salbe zu salben.

Singe mit, Schwan, dein altes Lied!
Woher kommst du, Schwan?
Zu welchem Ufer gehet dein Flug?
Wo findest du Rast, Schwan,
und welcher Art ist dein Suchen?
Zögere nicht, Schwan!

Noch an diesem Morgen
wach auf, brich auf, folge mir!
Es gibt ein Land,
wo weder Zweifel noch Sorgen mehr sind,
wo der Schrecken des Todes schwand.
Dort blühen die Wälder des Frühlings,
und der Wohlgeruch des ›Er bin ich‹,
getragen vom Wind, ist geboren:
Dort ist das suchende Herz
versunken in der Süße des Eins-Seins,
wunschlos glücklich.

O Herr,
Unerschaffener,
wer wird Dir dienen?
Jeder Jünger bietet seine Verehrung
dem Gott seiner eigenen Vorstellung:
Jeden Tag empfängt er den Dienst –
Niemand sucht Ihn, den Vollkommenen:
Brahma, den einzigen Herrn.
Sie glauben an zehn Avatars,
aber kein Avatar kann sein
der Unendliche Geist,
denn er trägt die Last seines Tuns:
Der Höchst-Eine muss anders sein.
Die Yogi, Sannyasi, Asketen
reden und reden davon:
Kabir sagt:
O Brüder!
Wer einmal gesehen
den Glanz der ewigen Liebe –
der ist gerettet.

Der Fluss und seine Wellen
sind eine Brandung:
Wodurch unterscheiden sich Fluss und Wellen?
Wenn die Welle sich hebt,
ist es Wasser,
wenn sie fällt,
ist es das Wasser auch.
Sag mir, Herr, wo ist da Unterscheidung?
Da es Welle genannt wird,
darf man es nicht mehr
als Wasser betrachten?

Im Innern des Höchsten Brahma
sollen die Welten wie Perlen sein:
Betrachte den Rosenkranz
mit den Augen der Weisheit.

Wo der Frühling regiert,
der Herr der Zeiten des Jahres,
tönt der Musik Urlaut von selbst.
Dort fließen die Ströme des Lichts
überall hin.
Nur wenige Menschen sind's,
die zu jenem Ufer gelangen!
Dort, wo Millionen Krischnas
stehen mit gefalteten Händen,
wo Millionen Vischnus
beugen ihr Haupt,
wo Millionen Brahmin
die Veden lesen,
wo Millionen Shivas
sich in Versenkung verlieren,
wo Millionen Indras
im Himmel wohnen,
wo Halbgötter und Geister
sind ohne Zahl,
wo Millionen von Saraswatis,
Göttinnen der Musik,
die Harfe spielen –
Dort ist mein Herr,
Selbst-offenbart:
Und der Geruch
von Sandel und Blüten
wohnt in jenen Tiefen.

Zwischen den Polen
von Bewusstheit und Unbewusstheit
machte der Kopf eine Schaukel:
Daran hängen alle Wesen und Welten,
und das Schwingen, nie endet's den Schwung.
Millionen von Wesen sind dort.
Sonne und Mond
in ihrem Lauf
sind dort.
Millionen Zeitalter vergehen –
und das Schwingen geht weiter.
Nur Schwingen!
Himmel, Erde, Luft und Wasser
und der Herr selbst,
wenn er Form wird:
Und dieses Schauen
machte Kabir
zum Knecht Gottes.

17 / XVII, 1 (II. 61)

Das Licht der Sonne, des Mondes, der Sterne
scheint hell.
Die Melodie der Liebe schwillt an,
und der Rhythmus der Freiheit von Liebe
schlägt die Glocke der Zeit.
Tag und Nacht füllet die Himmel
der Musische Chor –
und Kabir sagt:
Mein Geliebter leuchtet
wie der Blitzstrahl am Himmel.

Weißt du, wie jeder Augenblick
seine Verehrung bringt?
Schwingend die Reihe der Lampen,
das All singt in Verehrung
Tag und Nacht.
Dort sind die verborgenen Fahnen
und der geheime Baldachin.
Dort hört man den Klang
der unsichtbaren Glocken.
Kabir sagt:
Die Anbetung
höret nimmer dort auf:
Dort sitzet der Herr des Alls
auf Seinem Thron.

Alle Welt tut ihr Werk
und begeht ihre Fehler:
Aber wenige Liebende sind es,
die den Geliebten kennen.
Der fromme Sucher ist es,
der in seinem Herzen vereint
die Doppelströme von Liebe und Freiheit,
wie die sich vereinenden Ströme
von Ganges und Jumna.
Tag und Nacht
fließt das heilige Wasser
in seinem Herzen:
Und so endet der Kreislauf
von Geburt und Tod.

Siehe,
welch wundersame Ruhe
ist in dem Höchsten Geist!
Und er erfreut sich dessen,
der zu begegnen bereit ist.
Gehalten von den Bändern der Liebe,
den Schwingen des Ozeans der Freude,
schwingt hin und her
ein mächtiger Ton,
bricht hervor im Gesang.
Siehe,
welch ein Lotos blüht ohne Wasser!
Und Kabir sagt:
Meines Herzens Biene
trinkt seinen Nektar.

Welch ein wunderbarer Lotos ist dies,
der blüht im Herzen
des Spinnrads des Alls!
Nur ein paar reine Seelen
wissen um seine wahre Wonne.
Musik ist allüberall,
und das Herz hat dort Teil
an der Freude der unendlichen See.
Kabir sagt:
Tauche in diesen Ozean der Süße:
Also lasse entfliehen
alles Irren von Leben und Tod.

Siehe, wie der Durst aller fünf Sinne
dort gelöscht wird!
Und nicht mehr sind
die drei Formen des Elends!
Kabir sagt:
Es ist das Vergnügen
des Unerreichbaren Einen:
Schaue in dich hinein
und siehe,
wie die Mondstrahlen
dieses Verborgenen Einen
in dich hineinscheinen.

Dort fällt der rhythmische Schlag
von Leben und Tod:
Entzücken quillt hervor und
aller Raum erstrahlet im Licht.
Dort hört man den Ur-Ton:
Es ist die Musik der Liebe
aller drei Welten.
Dort brennen Millionen Lampen
von Sonne und Mond.
Dort erdröhnt die Trommel,
und der Liebste
wiegt sich im Spiel.
Liebeslieder ertönen dort,
und das Licht regnet in Strömen,
und der Andächtige wird überwältigt
vom Geschmack des himmlischen Nektars.
Schaue auf Leben und Tod:
Da ist kein Unterschied zwischen beiden:
Die rechte und linke Hand
sind ein und dasselbe.
Kabir sagt:
Dort ist selbst der Weise sprachlos;
denn diese Weisheit ward niemals gefunden
in den Veden oder in Büchern.

Ich hatte meinen Sitz in dem Einen,
in der Waage ruhendem Pol.
Ich trank aus dem Becher
des Unaussprechlichen.
Ich fand des Geheimnisses Schlüssel.
Ich erreichte die Wurzel der Einung.
Reisend ohne Spur
kam ich zum Land ohne Sorgen:
So leicht kam die Gnade des Herrn,
des großen, über mich.
Sie sangen von Ihm
als dem Unendlichen, Unerreichbaren:
Aber ich in meiner Versenkung
sah Ihn ohne Sicht.
Das ist in der Tat ein sorgloses Land
und niemand weiß den Weg,
der dorthin führt:
Nur der hat sicher
alle Sorgen überwunden,
der auf diesem Pfad sich befindet.

Wundervoll ist dies Land der Ruhe,
zu dem kein Verdienst führt.
Es ist der Weise, der es gesehen,
es ist der Weise, der es besungen.
Dies ist das Höchste Wort!
Aber was könnte vermitteln
Seinen wunderbaren Wohlgeschmack?
Wer einmal davon gekostet,
der weiß, welche Freude es gibt.
Kabir sagt:
Darum wissend
wird der Tor zum Weisen,
und der Weise wird sprachlos und still,
der Anbeter ist völlig berauscht,
seine Weisheit und Freiheit
werden vollkommen.
Er trinkt aus dem Becher
des Ein- und Ausatmens
der Liebe.

Dort ist der ganze Himmel
erfüllt mit Klang;
und die Musik wird gemacht
ohne Finger und Saiten.
Dort nimmt das Spiel
von Freude und Leid
kein Ende.
Kabir sagt:
Wenn du dein Leben tauchst
in den Ozean des Lebens,
wirst du es finden
im Höchsten Land der Gnade.

Welch eine ekstatische Verzückung
herrscht dort jede Stunde;
der Anbeter presst sie gleich einer Traube aus
und trinkt das Wesen der Stunden:
Er lebt im Leben von Brahma.
Ich sage die Wahrheit,
denn ich habe im Leben
Wahrheit erfahren,
und ich bin jetzt der Wahrheit verbunden,
habe allen Flitter hinweggefegt.
Kabir sagt:
So ist der Anbeter frei von Furcht;
so haben ihn alle Irrtümer
von Leben und Tod
verlassen.

Dort ist der Himmel voller Musik:
Dort regnet es Nektar,
dort erklingen die Saiten der Harfen
und die Trommeln dröhnen.
Welch ein geheimer Glanz ist dort,
in dem Haus des Himmels!
Dort ist keine Rede
von der Sonne Aufgang und Untergang.
Im Ozean der Offenbarung,
welcher das Licht der Liebe,
werden Tag und Nacht
als eines gefühlt.
Für ewig Freude,
weder Sorge noch Kampf!
Dort hab ich gesehen
Freuden randvoll,
Vollendung der Freude,
kein Raum für Irrtum.
Kabir sagt:
Dort war ich Zeuge
der Einen Gnade Vergnügen.

Ich lernte kennen in mir
das Vergnügen des Alls;
ich entfloh
dieser Welt Irrtum.
Inneres und Äußeres wurden
wie ein Himmel;
das Unendliche und das Endliche
sind eins.
Ich bin trunken
von der Schau dieses Alls!
Dieses Dein Licht
erfüllet das Weltall;
die Lampe der Liebe ist es,
die brennt auf des Wissens Tablett.
Kabir sagt:
Der Irrtum kann nicht herein,
und der Zwiespalt von Leben und Tod
ist nicht mehr fühlbar.

Die Mitte des Himmels,
wo der Geist wohnt,
strahlt von des Lichtes Musik.
Dort, wo die reine und weiße Musik erblüht,
genießt mein Herr Seine Lust.
Im wundersamen Glanz jedes Haares
an Seinem Körper
verlor sich die Klarheit
von Millionen Monden und Sonnen.
An jenem Ufer ist eine Stadt,
wo Nektarregen strömt immerdar
und nimmer aufhört.
Kabir sagt:
Komm, Dharmadas,
meines großen Herrn Durbar,
schaue!

O mein Herz!
Der Geist des Höchsten,
der große Meister
ist dir nahe:
Wach auf, o wach auf!
Lauf zu den Füßen
deines Geliebten:
Denn dein Herr steht nahe zu deinen Häupten.
Du schliefst unendliche Zeiten –
diesen Morgen willst du nicht wach sein?

Zu welchem Ufer würdest du kreuzen, mein Herz?
Da ist kein Reisender vor dir,
keine Straße.
Wo ist Bewegung, wo Ruhe
an jenem Ufer?
Dort ist kein Wasser, kein Boot,
kein Bootsmann dort.
Dort ist kein Stück Seil, das Boot zu vertäuen,
noch jemand, der es an Land zieht.
Nicht Erde, nicht Himmel, nicht Zeit –
kein Ding ist dort, nicht Ufer, nicht Furt.
Dort ist weder Körper noch Geist:
Und wo ist der Ort,
der stillt den Durst meiner Seele?
In dieser Leere wirst du nichts finden.
Sei stark: Geh hinein in dich selbst:
Denn da ist dein Halt fest.
Bedenke es wohl, mein Herz!
Gehe nicht anderswohin.
Kabir sagt:
Vorstellungen lege beiseit'
und steh fest in dem,
was du bist.

O Blinder du,
Lampen brennen in jedem Haus
und du kannst sie nicht sehen.
Eines Tages werden sich die Augen öffnen
und du wirst sehen:
Und die Fesseln des Todes werden von dir fallen.
Da gibt's nichts zu sagen oder zu hören,
da gibt's nichts zu tun.
Der, der lebt, obschon tot,
wird niemals mehr sterben.

Da er in Einsamkeit lebt,
sagt der Yogi,
dass sein Zuhause ist weit.
Dein Herr ist nahe,
und doch erklimmst du die Palme,
um Ihn zu suchen.
Der Brahminpriester
gehet von Haus zu Haus und
weiht ein in den Glauben:
Wehe! Die wahre Quelle des Lebens
ist dicht neben dir,
und doch hast du einen Stein errichtet,
um ihn zu verehren.
Kabir sagt:
Ich vermag nimmer zu künden,
wie süß mein Herr ist.
Yoga und das Zählen der Perlen,
Tugend und Laster –
das alles ist nichts
verglichen mit Ihm.

O Bruder!
Mein Herz sehnt sich
nach jenem wahren Meister,
der den Becher wahrer Liebe füllt,
der Selbst aus ihm trinkt
und mir ihn dann darreicht,
Er entfernt von den Augen den Schleier
und gibt Brahmas wahre Schau.
Er offenbart die Welten in Ihm
und macht mich hören
der Musik Ur-Ton.
Er zeigt, dass Freude und Sorge
eins sind:
Er füllt mit Liebe jedweden Ausdruck.
Kabir sagt:
Wahrlich der fürchtet sich nicht,
der hat solchen Meister,
der ihn geleitet
zur sicheren Zuflucht.

Die Schatten des Abends
fallen dicht und tief,
und der Liebe Dunkelheit
umhüllt Körper und Geist.
Öffne das Fenster nach Abend
und verlier dich im Himmel der Liebe!
Trinke den süßen Honig,
der des Herzens Lotosblätter erfüllt.
Empfange die Wellen in deinem Körper!
Welch heller Glanz ist am Meeresgestade!
Horch!
Der Klang der Muscheln und Glocken
hebt an.
Kabir sagt:
O Bruder, horch!
Der Herr
ist im Gefäß meines Körpers.

Mehr als alles sonst
pfleg ich im Herzen die Liebe,
die mich leben lässt
ohne Grenze in dieser Welt.
Sie ist gleich dem Lotos,
der im Wasser lebt
und im Wasser blüht:
Und doch erreicht das Wasser
die Blüten nicht:
Sie öffnen sich
jenseits seines Bereiches.
Sie ist gleich einer Frau,
die auf Liebes-Gebot
ins Feuer geht.
Sie brennt und lässt
die andern sich grämen,
doch niemals entbehrt sie der Liebe.
Den Ozean der Welt
zu queren ist schwer;
seine Wasser sind tief.
Kabir sagt:
Höre auf mich, Sadhu!
Nur wenige gibt's,
die sein Ende erreicht.

Mein Herr
verbirgt Sich Selbst;
und wunderbar
offenbart Er Sich Selbst:
Mein Herr umschloss mich
mit Strenge;
und mein Herr warf
meine Begrenzungen nieder.
Mein Herr bringt mir
Worte der Sorge und Worte der Freude,
und Er Selbst schlichtet
ihren Streit.
Ich will Körper und Geist
meinem Herrn opfern:
Mein Leben lassen, aber niemals kann ich
meinen Herrn
vergessen.

Vom OM-Hauch
sind alle Dinge erschaffen;
die Liebe ist seine körperliche Erscheinung.
OM ist selbst ohne Gestalt,
ohne Eigenschaften,
ohne Vergehen:
Suche die Einung mit Ihm!
Aber diese gestaltlose Gottheit
nimmt tausend Gestalten an
in den Augen Ihrer Geschöpfe:
Rein ist Sie und unzerstörbar,
unendlich und unergründlich,
Sie tanzt in Verzückung,
und Wellen erheben sich
aus diesem Tanz von Gestalt.
Körper und Geist können's nicht fassen,
wenn sie erfasst
der Gottheit großes Entzücken.
Sie ist enthalten in allem Bewusstsein,
allen Freuden und Sorgen.
Sie hat weder Anfang noch Ende;
Sie hält alles
in Ihrer Gnade.

Meines wahren Meisters Gnade ist es,
die mich erkennen ließ
das Unbekannte.
Von Ihm hab ich gelernt
ohne Füße zu gehen,
ohne Augen zu sehen,
ohne Ohren zu hören,
ohne Mund zu trinken,
ohne Flügel zu fliegen.
Ich brachte
meine Liebe und meine Verehrung
in das Land,
wo weder Sonne noch Mond,
weder Tag noch Nacht.
Ich habe gekostet, ohne zu essen,
die Süße des Nektars,
und ohne Wasser
den Durst gelöscht.
Wo dort die Antwort der Wonne,
dort ist die Fülle der Freude.
Vor wem ist es möglich,
diese Freude zu äußern?
Kabir sagt:
Der Meister
ist über alle Worte erhaben
und groß ist das Glück
seines Jüngers.

Vor dem Unbedingten
tanzt das Bedingte:
›Du und ich sind eins!‹,
ertönt die Trompete.
Der Meister kommt,
beugt Sich nieder,
den Schüler zu grüßen:
Dies ist der Wunder größtes.

Kabir ward gefragt:
Sage, Kabir, wann begann deine Berufung?
Wo hatt deine Liebe den Ursprung?
Kabir antwortet:
Als Er, dessen Gestalten so viele,
noch nicht begonnen Sein Spiel:
Als da war weder Meister noch Jünger;
als noch nicht ausgebreitet die Welt;
als der Höchst-Eine allein war –
da ward aus mir ein Asket,
da zog mich die Liebe zu Brahma.
Nicht trug Brahma die Krone,
Gott Vischnu war noch nicht zum König gesalbt,
und die Macht Shivas gab es noch nicht,
als ich Yoga lernte.

Ich ward plötzlich offenbart in Benares
und Ramananda erleuchtete mich.
Ich brachte mit mir
den Durst nach dem Unendlichen
und kam zur Begegnung mit Ihm.
In Schlichtheit will ich
mit dem Schlicht-Einen mich einen
und meine Liebe wird sich erheben.
O Gorakh, marschiere
nach dieser Seiner Musik.

Auf diesem Baum ist ein Vogel:
Er tanzt in der Freude des Lebens.
Niemand weiß, wo er ist:
Und wer weiß,
welches seiner Musik innerer Sinn?
Wo die Zweige
tiefen Schatten werfen –
dort hat er sein Nest:
Und er kommt am Abend,
und er fliegt weg am Morgen
und sagt kein Wort,
was er meint.
Niemand erzählt von dem Vogel,
der in mir singt.
Er hat weder Farbe
noch ist er farblos,
er hat weder Gestalt noch Kontur:
Er sitzt im Schatten der Liebe.
Er wohnt im Unerreichbaren,
Unendlichen, Ewigen,
und keiner gibt Acht,
wenn er kommt und geht.
Kabir sagt:
Bruder Sadhu!
Tief ist das Geheimnis.
Lasse den Weisen suchen
nach Wissen,
wo dieser Vogel
rastet.

Eine böse Pein stört mich Tag und Nacht
und ich kann nicht schlafen;
ich sehne mich nach der Begegnung
mit meinem Geliebten,
und meines Vaters Haus
gibt mir Freude nimmer.
Geöffnet sind die Tore des Himmels,
der Tempel ist enthüllt:
Ich treffe mein' Gemahl
und lasse zu Seinen Füßen
das Geschenk meines Körpers und Geistes.

Tanze, mein Herz,
tanz heiter mit Freude.
Die Melodien der Liebe
füllen Tage und Nächte
mit Musik,
und die Welt
lauscht ihren Melodien.
Außer sich vor Freude
tanzen Leben und Tod
zu den Rhythmen dieser Musik.
Die Hügel tanzen,
es tanzt die See und die Erde.
Die Welt der Menschen
tanzt in Lachen und Tränen.
Warum das Gewand des Mönchs anziehen
und leben weitab von der Welt
in einsamem Stolz?
Siehe!
Mein Herz tanzt
im Entzücken von hundert Künsten,
und der Schöpfer
ist es zufrieden.

Wo bedarf es der Worte,
wenn die Liebe trunken machte
das Herz?
Ich hab den Edelstein
im Mantel verborgen,
warum diesen
wieder und wieder öffnen?
Als die Last leicht war,
ging die Schale der Waage nach oben;
nun ist sie voll,
was bedarf es des Wiegens?
Der Schwan nahm seinen Flug
zum See hinter den Bergen;
warum sollte er weitersuchen
nach Tümpeln und Gräben?
Euer Herr wohnt in euch:
Wie tut es noch Not,
eure äußeren Augen zu öffnen?
Kabir sagt:
Höre, mein Bruder!
Mein Herr,
der meine Augen entzückt,
hat Sich Selbst vereinigt mit mir.

Wie könnte die Liebe
zwischen Dir und mir trennen?
Wie das Blatt des Lotos
dauert auf dem Wasser:
So bist Du mein Herr
und ich bin Dein Knecht.
Wie der Nachtvogel
allnächtlich starrt auf den Mond:
So bist Du mein Herr
und ich bin Dein Knecht.
Vom Beginn bis zum Ende der Zeiten
ist zwischen Dir und mir
nur Liebe.
Wie könnt solche Liebe verlöschen?
Kabir sagt:
Wie der Fluss
in den Ozean einströmt,
so berührt mein Herz
Dich!

Mein Körper und Geist
sind betrübt aus Sehnsucht nach Dir!
O, mein Geliebter,
komm in mein Haus!
Wenn man sagt, ich sei Deine Braut,
so bin ich beschämt,
denn ich habe mit meinem Herzen
nicht das Deine berührt.
Denn was, also, ist meine Liebe zu Dir?
Ich kann nicht essen noch schlafen:
Mein Herz ist stets rastlos,
drinnen und draußen.
Wie Wasser für den Dürstenden
ist für die Braut der Liebste.
Wer ist's, der meine Nachricht
meinem Geliebten bringt?
Kabir ist ruhlos:
Er stirbt vor Sehnsucht nach
Ihm.

O Freund,
wach auf und schlafe nicht mehr!
Vorbei ist die Nacht und vergangen,
willst du den Tag also verlieren?
Andere, die wach waren,
haben Juwelen erlangt.
O törichtes Weib!
Du verlorst alles,
derweilen du schliefst.
Euer Liebster ist weise,
und du bist so töricht, o Weib!
Niemals hast du das Bett
des Gemahls bereitet:
O Törin!
Du vertatest die Zeit
mit törichtem Spiel.
Deine Jugend verging ohne Sinn;
denn du kanntest deinen Herrn nicht.
Wach auf! Wach auf!
Suche!
Dein Bett ist leer.
Er verließ dich bei Nacht.
Kabir sagt:
Nur sie erwacht,
deren Herz durchbohrt ist,
vom Pfeil Seiner Musik.

Wo ist die Nacht, wenn die Sonne scheint?
Wenn es Nacht ist, zieht die Sonne ihr Licht ab.
Wo Wissen ist, kann da Unwissenheit dauern?
Wenn da Unwissenheit ist, muss das Wissen sterben.
Wenn da Begierde ist, wie kann da Liebe sein?
Wo aber Liebe, ist keine Begier.

Legt Hand ans Schwert, vereint euch im Kampf!
Kämpf, o mein Bruder, solange du lebst!
Schlag ab das Haupt des Feindes
und mach schnell ihm ein Ende:
Dann komm und beuge dein Haupt
in deines Königs Dhurbar.
Wer tapfer, verlässt niemals die Schlacht;
wer ihr entflieht, ist niemals
ein wahrer Kämpfer.
Auf dem Feld deines Körpers
dauert ein großer Kampf:
gegen Zorn, Ärger, gegen Hochmut und Geiz.
Es ist das Reich der Wahrheit,
der Zufriedenheit und Reinheit,
das diese Schlacht betreibt,
und das Schwert, das laut ertönet ringsum,
ist das Schwert Seines Namens.
Kabir sagt:
Wenn ein tapferer Ritter das Feld behauptet,
muss fliehen der Feiglinge Schar.
Es ist ein harter und beschwerlicher Kampf,
der Kampf des Wahrheit-Suchers:
Denn das Gelübde des Wahrheit-Suchers
ist härter als das des Kriegers
oder der Witwe, die ihrem Gemahl folgt.
Denn der Krieger kämpft einige Stunden,
und der Witwe Kampf mit dem Tod
ist schnell zu Ende;
aber des Wahrheit-Suchers Kampf
dauert Tag und Nacht:
Er endet nimmer,
solange er lebt.

Das Schloss des Irrtums schließt das Tor;
öffne es mit dem Schlüssel der Liebe!
So, durch Öffnen der Tür,
sollst du den Geliebten wecken.
Kabir sagt:
O Bruder!
Geh nicht vorüber
an solchem Glück
wie diesem.

O Freund!
Dieser Körper ist Seine Lyra:
Er strafft ihre Saiten
und entlockt ihr
die Melodie des Brahma.
Wenn die Saiten erschlaffen
und die Schlüssel sich lockern,
dann muss zu Staub werden wieder
dies Instrument aus Staub.
Kabir sagt:
Niemand als Brahma kann
diese Melodie hervorbringen.

Der ist mir wahrlich lieb,
der den Wanderer nach Hause
zurückrufen kann.
Zu Haus ist die wahre Einheit,
zu Haus ist Freude am Leben –
warum sollt ich mein Heim verlassen
und in den Wald gehen?
Wenn Brahma mir hilft
die Wahrheit zu realisieren,
so werd wahrhaftig ich finden beides:
Bindung und Erlösung zu Hause.

Der ist mir wahrlich lieb,
der die Kraft hat
tief in Brahma zu tauchen,
dessen Geist sich verliert
leicht in Seiner Betrachtung.

Der ist mir wahrlich lieb,
der Brahma kennt
und in Versenkung wohnt
auf Seinem Gipfel der Wahrheit;
der auch, der spielen kann
die Melodien des Unendlichen,
Liebe und Verzicht vereinend
im Leben.

Kabir sagt:
Das Zuhause ist der bleibende Ort;
Zu Hause ist Wirklichkeit,
das Zuhause hilft Ihn zu erlangen,
der wirklich ist.
So bleib, wo du bist,
und alles kommt auf dich zu –
zu seiner Zeit.

O Sadhu!
Die einfache Einung ist die beste.
Seit dem Tag, da ich meinen Herrn traf,
war kein Ende des Vergnügens
unserer Liebe.
Ich schließe die Augen nicht,
ich schließe die Ohren nicht
und kasteie meinen Körper nicht.
Ich sehe mit offenen Augen
und lächle,
ich erblicke überall
Seine Schönheit.
Ich ruf Seinen Namen,
und was immer ich sehe,
es erinnert an Ihn;
was immer ich tue,
es wird zu Seiner Verehrung.
Erheben und Setzen sind für mich eins:
Die Gegensätze sind alle gelöst.
Wo immer ich gehe,
ich beweg mich um Ihn.
Was ich erreiche: Sein Dienst,
wenn ich mich lege,
so lieg ich zu Seinen Füßen.

Ihn allein kann ich anbeten,
niemanden sonst.
Meine Zunge tat ab unreine Worte,
sie singt Seinen Ruhm Tag und Nacht.
Wenn ich aufstehe oder mich setze,
Ihn kann ich niemals vergessen,
denn der Rhythmus Seiner Musik
trifft in mein Ohr.
Kabir sagt:
Mein Herz ist verzückt,
und was in meiner Seele verborgen,
offenbar ich.

In jene große Gnade
bin ich versunken,
die übersteigt
alle Freuden und Pein.

Da ist nichts als Wasser
in den heiligen Bädern;
und ich weiß, dass sie nutzlos,
denn ich habe gebadet in ihnen.
Ohne Leben sind alle Bilder,
sie können nicht sprechen;
ich weiß, denn ich schrie sie laut an.
Koran und Purana sind nichts als Worte,
lüftend den Schleier hab ich's gesehen.
Kabir gibt Ausdruck den Worten,
die auf Erfahrung beruhn,
und er weiß sehr wohl,
dass alles andere
unwahr ist.

Ich lache, wenn ich höre,
dass den Fisch dürstet im Wasser:
Du siehst nicht,
dass zu Hause
die Wirklichkeit ist,
und du wanderst
von Wald zu Wald
lustlos!
Hier ist die Wahrheit!
Gehe hin, wo immer du willst,
nach Benares oder Mathura –
wenn du die eigene Seele
nicht findest,
bleibt dir die Welt
unwirklich.

Die verborgene Fahne
ward aufgepflanzt
im Tempel des Himmels.
Dort breitet sich der blaue Baldachin,
geschmückt mit dem Mond
und mit glanzvollen Juwelen besetzt.
Dort leuchtet das Licht
von Sonne und Mond;
bring deinen Geist zum Schweigen
vor diesem Glanz.
Kabir sagt:
Wer von diesem Nektar getrunken,
wandelt dahin wie von Sinnen.

Wer bist du?
Woher kommst du?
Wo wohnet der Höchste Geist
und wie
hat Er Sein Vergnügen
mit allen Geschöpfen?
Der Wald steht in Flammen,
aber wer erweckt' sie so plötzlich?
Dann wird es zu Asche,
und wohin geht die Kraft des Feuers?
Der wahre Meister lehrt,
Er sei weder endlich noch unendlich.
Kabir sagt:
Brahma passt Seine Sprache an
dem Verständnis
der Hörenden.

O Sadhu!
Reinige deinen Körper auf die einfache Art!
Wie der Same im Feigenbaum ist,
und im Samen sind Blüten,
Früchte und Schatten,
so ist der Keim im Körper
und im Keim wieder der Körper.
Feuer, Luft, Wasser, Erde und Äther,
du kannst es nicht haben ohne Ihn.
O Kazi, o Pandit!
Bedenke es wohl!
Was gibt es,
was nicht in der Seele liegt?
Der wassergefüllte Krug im Wasser:
Wasser ist drinnen und draußen.
Nicht benennen soll man's,
damit es nicht auslöst
den Irrtum der Dualität.
Kabir sagt:
Hör auf das Wort,
die Wahrheit, die dein Sein ist.
Er spricht das Wort zu Sich Selbst,
und Er Selbst ist der Schöpfer.

Da ist ein seltsamer Baum,
der steht ohne Wurzeln,
trägt Frucht ohne Blüten.
Er hat weder Zweige noch Blätter,
er ist Lotos über und über.
Dort singen zwei Vögel:
der eine – der Meister,
der andre – der Jünger.
Der Jünger wählt
die vielerlei Früchte des Lebens
und versucht sie,
und der Meister schaut ihn an
mit Freude.
Was Kabir sagt,
ist schwer zu verstehen:
Der Vogel ist jenseits des Suchens,
dennoch ganz sichtbar in Klarheit.
Das Gestaltlose ist inmitten
aller Gestalt.
Ich singe den Ruhm der Gestalt.

Ich habe zum Schweigen gebracht
meinen rastlosen Geist
und mein Herz strahlt:
Denn im So-sein habe ich
hinter das So-sein geblickt,
in Begleitung sah ich Ihn,
den Geleiter.
Lebend in Fesseln
macht' ich mich frei:
Ich riss mich los
von allen Fesseln der Enge.
Kabir sagt:
Ich habe das Unerreichbare
erreicht,
und mein Herz
ist gefärbt
mit der Farbe
der Liebe.

Das, was du suchst, ist nicht;
und für das, was ist,
fehlen die Worte.
Du glaubst nicht,
ohne zu sehen;
was nur erzählt wird,
ist dir anzunehmen nicht möglich.
Wer unterscheiden kann,
weiß durch das Wort,
und der Unwissende steht gaffend daneben.
Einige betrachten das Gestaltlose,
andere meditieren über die Form.
Aber der Weise weiß,
dass Brahma jenseits von beiden.
Seine Schönheit ist dem Auge nicht sichtbar,
sein Versmaß fürs Ohr nicht zu hören.
Kabir sagt:
Der beides fand:
Entsagung und Liebe,
steigt niemals hinab
zum Tod.

Die Flöte des Unendlichen
wird ohne Ende gespielt,
und ihr Ton ist Liebe:
Wenn Liebe aller Grenzen entsagt,
erreicht sie die Wahrheit.
Wie weithin der Duft sich breitet!
Er hat kein Ende,
nichts steht ihm im Weg.
Die Gestalt dieser Melodie
ist leuchtend
wie eine Million Sonnen.
Unvergleichlich ertönt die Vina,
die Vina der Töne der Wahrheit.

Lieber Freund,
ich bin begierig, zu begegnen
dem Geliebten!
Meine Jugend ist erblüht
und die Pein der Trennung von Ihm
zerreißt meine Brust.
Noch wandere ich in den Alleen des Wissens
Sinn-los,
aber ich empfing Seine Nachricht
in diesen Alleen des Wissens.
Ich hab einen Brief vom Geliebten:
Er enthält eine unaussprechliche Botschaft,
und nun ist meine Furcht vor dem Tode
hinweg.
Kabir sagt:
O mein liebender Freund!
Ich gewann für meine Gabe
das Eine Unsterbliche!

Wenn ich getrennt bin
von meinem Geliebten,
ist mein Herz voller Trauer:
Ich habe weder Trost am Tage
noch Schlaf in der Nacht.
Wem soll ich von meiner Sorge erzählen?
Die Nacht ist dunkel,
die Stunden schleichen dahin.
Da mein Herr nicht da,
schrecke ich auf und zittre vor Angst.
Kabir sagt:
Höre, mein Freund!
Es gibt keine andre Erfüllung
als die Begegnung mit dem Geliebten.

Was für eine Flöte ist das,
deren Musik mich mit Freude durchrieselt?
Die Flamme brennt ohne Lampe;
der Lotos blüht ohne Wurzel,
Blumen blühen in Menge;
der Mond-Vogel ergibt sich dem Mond,
der Regen-Vogel sehnt sich
mit ganzer Seele nach Regen;
Aber auf wessen Liebe richtet
der Liebende aus
sein ganzes Leben?

Hörtest du nicht den Ton ungespielter Musik?
In der Mitte des Raums
wird die Harfe der Freude
sanft und süß gespielt;
und wo ist's not,
nach draußen zu gehen,
um sie zu hören?
Wenn du nicht getrunken
vom Nektar dieser Einen Liebe,
was nützt es dann noch,
dich von allem Makel
zu reinigen?
Der Kazi ergründet die Worte des Koran
und lehrt sie andere:
Aber wem das Herz nicht erfüllt ist
in jener Liebe,
was nützt es,
ein Lehrer der Menschen zu sein?
Der Yogi färbt sein Gewand rot:
Aber wenn er nicht weiß
von dieser Farbe der Liebe,
was nützt es,
dass seine Gewänder gefärbt sind?
Kabir sagt:
Ob ich im Tempel oder auf der Terrasse,
im Feldlager oder im Blumengarten,
ich sag euch wahrhaftig:
Mein Herr erfreut Sich an mir
jeden Augenblick.

Schwierig ist der Liebe Pfad!
Da ist kein Fragen
oder Nicht-Fragen,
da verliert man zu Seinen Füßen
sein Selbst,
da taucht man ein in die Freude
des Suchens:
eingetaucht in die Tiefen der Liebe
wie der Fisch in das Wasser.
Nicht zögert der Liebende,
sein Haupt zu opfern
für den Dienst seines Herrn.
Kabir verkündet
das Geheimnis
dieser Liebe.

Der ist der wahrhaft Weise,
der zu enthüllen vermag,
was ohne Form,
damit diese Augen es schauen:
der den einfachen Weg lehrt,
zu Ihm zu gelangen –
das ist anders als Riten und Bräuche,
der euch nicht veranlasst
die Türen zu schließen,
den Atem anzuhalten,
der Welt zu entsagen,
der euch spüren lässt
des Höchsten Geist,
wo immer der Geist sich verbindet;
wer euch lehrt,
stille zu sein
inmitten all eures Tuns,
immer getaucht in Entzücken,
den Sinn ohne Frucht –
er hält den Geist der Einheit
in aller Freuden Mitte.
Der unendliche Wohnsitz des Unendlichen Seins
ist überall:
auf Erden, im Wasser, Himmel und Lüften:
Fest wie der Donnerkeil ist der Sitz
des Suchers, errichtet über der Leere.
Zugleich ist er drinnen und draußen:
Ich sehe Ihn und niemanden sonst.

Empfange das Wort,
aus dem das All entspringt!
Dies Wort ist der Meister;
ich hab es gehört
und wurde Sein Jünger.
Wie viele sind es,
die dieses Wortes Bedeutung kennen?

O Sadhu!
Tue dies Wort!
Die Veden und die Puranas verkünden's,
die Welt ist auf Es gegründet.
Die Rishis und Jünger sprechen davon:
Aber keiner weiß um das Geheimnis
des Wortes.
Wer ein Haus besitzt, verlässt es,
wenn er Es hört;
der Asket kehrt zur Liebe zurück,
wenn er Es hört;
die Sechs Philosophien legen Es aus;
der Geist der Entsagung
weist hin auf dies Wort;
der Welt Gestalt entstand aus dem Wort:
Jenes Wort enthält alles.
Kabir sagt:
Aber wer weiß,
von wannen das Wort kommt?

Leere den Becher! Sei trunken!
Trink Seines Namens
göttlichen Nektar!
Kabir sagt:
Höre mir zu, lieber Sadhu!
Von der Sohle des Fußes
bis zur Krone des Hauptes
ist dieser Verstand
mit Gift gefüllt.

O Mensch,
wenn du nicht kennst
deinen eigenen Herrn,
worauf bist du so stolz?
Lege die Klugheit ab:
Bloße Worte werden dich nie
mit Ihm einen.
Täusch dich nicht selbst
mit der Schriften Klugheit:
Liebe ist etwas ganz andres –
und wer wahrhaft Sie suchte,
der fand Sie.

Der Reiz des Wanderns
im Ozean unsterblichen Lebens
hat mich von allem Fragen befreit:
Wie im Samen der Baum,
so ist alles Leiden
im Fragen.

Wenn du endlich
zum Ozean des Glücks kommst,
gehe nicht durstig zurück.
Wach auf, Tor!
Denn der Tod umschleicht dich.
Hier ist das reine Wasser vor dir,
trink es mit jedem Atemzug.
Folge nicht auf dem Fuße der Täuschung,
sondern dürste nach Nektar;
Dhruva, Prahlad, Shukadeva tranken davon,
und Raidas versuchte es auch.
Die Heiligen sind trunken vor Liebe,
ihr Durst geht nach Liebe.
Kabir sagt:
Hör zu, Bruder!
Das Nest der Furcht ist zerstört.
Nicht einen Augenblick
bist du der Welt begegnet
von Angesicht zu Angesicht:
Du webst deine Fessel der Falschheit,
deine Worte sind der Täuschung voll.
Mit der Last der Wünsche,
die du im Sinn,
wie kannst du leicht sein?
Kabir sagt:
Hege in dir
Wahrheit, Freiheit und Liebe!

Wer hat jemals gelehrt eine Witwe,
sich selbst zu verbrennen
auf dem Scheiterhaufen
ihres toten Gemahls?
Und wer hat jemals
die Liebe gelehrt,
Seligkeit zu finden
in der Entsagung?

Warum so ungeduldig, mein Herz?
Er, der wacht über Vögel, Tiere, Insekten,
Er, der für dich sorgte,
als du im Mutterleib warst,
sollte er nicht jetzt für dich sorgen,
da so weit du gekommen?

O, mein Herz!
Wie konntest du dich
vom Lächeln deines Herrn
abwenden und so weit entfernen von Ihm?
Du hast deinen Geliebten verlassen,
denkst an andre sogar:
Und das ist's,
warum all dein Tun
so vergeblich.

Wie schwer ist es,
meinem Herrn zu begegnen!
Der Regen-Vogel klagt
vor Durst nach dem Regen;
fast stirbt er vor Sehnsucht,
doch will er kein andres Wasser
als Regen.
Angezogen von der Liebe zur Musik
bewegt sich das Reh vorwärts;
es stirbt, der Musik lauschend,
aber es erbebt nicht in Angst.
Die Witwe sitzt neben dem Leichnam des Gatten;
sie fürchtet sich nicht vor dem Feuer.
Leg ab alle Furcht
für diesen armseligen Körper!

O Bruder!
Als ich vergesslich war,
zeigt' mir mein treuer Meister den Weg.
Da ließ ich alle Riten und Bräuche,
badete nicht mehr im heiligen Wasser.
Da lernte ich,
dass ich es allein, der verrückt war,
und alle Welt außer mir war gesund;
und ich hatte dies weise Volk
verwirrt.
Von der Zeit an wusst ich nicht mehr,
wie mich im Staub in Gehorsam wälzen:
Ich läute nicht die Glocke des Tempels,
ich setze nicht das Götterbild auf seinen Thron,
ich verehre nicht das Abbild mit Blumen.
Es ist nicht die Strenge, das Fleisch abzutöten,
die meinem Herrn gefällt.
Wenn du deine Kleider ablegst
und die Sinne tötest,
erfreust du den Herrn nicht.
Der Mensch, der gütig und
Rechtschaffenheit übt,
der geduldig bleibt
inmitten des Weltgeschehens,
der alle Kreatur auf Erden
wie sich selbst achtet:
Er erlangt das Unsterbliche Sein,
der treue Gott ist ewig mit ihm.
Kabir sagt:
Der erlangt den wahren Namen,
dessen Worte rein, und der frei ist
von Stolz und Dünkel.

Der Yogi färbt sein Gewand,
anstatt seinen Sinn zu färben
in den Farben der Liebe:
Er sitzt mitten im Tempel des Herrn,
verlässt Brahma,
um einen Stein zu verehren.
Er bohrt Löcher in seine Ohren,
hat einen gewaltigen Bart
und verfilzte Locken:
Er sieht aus wie ein Geißbock.
Er geht hinaus in die Wildnis,
tötet all sein Begehren
und macht sich selbst zum Eunuchen.
Er rasiert seinen Kopf
und färbt sein Gewand,
liest die Gita und wird ein gewaltiger Redner.
Kabir sagt:
Du gehst zu den Pforten des Todes,
an Händen und Füßen gebunden.

Ich weiß nicht, welche Weise Gottes die meine.
Der Mullah schreit laut zu Ihm: und warum?
Ist euer Herr taub?
Das feine Fußkettchen,
das erklingt am Fuß eines Insekts,
das sich bewegt,
hört Er.
Zähl deine Perlen,
bemal deine Stirn
mit deines Gottes Zeichen
und trage verfilzte Locken,
auffällig und lang:
Aber in deinem Herzen
ist eine tödliche Waffe,
und wie solltest du Gott ›haben‹?

Ich höre die Melodie Seiner Flöte
und kann nicht an mich halten:
Die Blume blüht,
obwohl es nicht Frühling,
und schon empfing die Biene
ihre Einladung.
Der Himmel erdröhnt und der Blitz zuckt,
die Wellen gehen hoch mir im Herzen;
der Regen fällt,
und mein Herz sehnt sich
nach meinem Herrn.
Wo der Rhythmus der Welt
hebt sich und senkt,
dort fand mein Herz seine Heimstatt.
Dort flattern im Wind
die geheimen Banner.
Kabir sagt:
Mein Herz lebt, ob es gleich stürbe.

Wenn Gott in der Moschee wäre,
zu wem gehört' dann die Welt?
Wenn Ram in dem Bild wäre,
das du auf deiner Pilgerfahrt findest,
wer weiß dann, was ohne ihn geschieht?
Hari ist es im Osten, im Westen Allah.
Schau in dein Herz,
denn dort wirst du beide finden:
Karim und Ram.
All die Männer und Frauen der Welt
sind Seine lebendige Form.
Kabir ist das Kind von Allah und Ram:
Er ist mein Meister,
Er mein Gebieter.

Der sanft ist und zufrieden,
der eine ausgeglichene Sicht,
dessen Sinn gefüllt ist mit Fülle
des Annehmens und der Ruhe,
der Ihn sah und Ihn berührte,
der ist befreit von aller Furcht und Plage.
Für ihn ist der stete Gedanke an Gott
wie Sandelsalbe,
in den Leib gerieben,
für ihn ist nichts anderes Freude:
Sein Werk und seine Muße
sind voller Musik:
Er verbreitet ringsum
den Glanz der Liebe.
Kabir sagt:
Berühr Seine Füße,
der Einer ist und unteilbar,
unveränderlich und voll Frieden,
der alle Gefäße
bis zum Rand füllt mit Freude
und dessen Form Liebe ist.

Geh du in die Gesellschaft der Guten,
wo der Geliebte Eine seine Heimstatt hat:
Nimm all deine Gedanken, deine Liebe,
   deine Belehrung von da!
Lass jene Gesellschaft zu Asche verbrennen,
wo von Ihm nicht die Rede!
Sag mir, wie könntest du Hochzeit feiern,
wenn der Bräutigam selbst nicht da?
Schwanke nicht mehr,
denk nur noch an den Geliebten,
riskier nicht dein Herz
im Dienste anderer Götter:
Es ist kein Wert im Dienst anderer Meister.
Kabir erwägt und sagt:
So wirst du niemals
den Geliebten finden!

Das Juwel ging verloren im Morast
und alle suchen nach ihm;
einige suchen im Osten,
einige suchen im Westen,
einige im Wasser,
andere zwischen den Felsen.
Aber der Knecht Kabir
schätzte es ein
nach seinem wahren Wert:
wickelte es sorgsam ein
in den Mantelsaum
seines Herzens.

Der Palanquin kam, mich zu entführen
zu meines Gatten Haus,
und er sandte durch mein Herz
ein freudiges Beben.
Aber die Träger brachten mich
in einen einsamen Wald,
wo keiner der Meinen ist.
O Träger, ich flehe zu euren Füßen,
wartet noch einen Augenblick:
Lasst mich zurückgehn
zu meinen Verwandten und Freunden
und Abschied von ihnen nehmen.
Der Knecht Kabir singt:
O Sadhu!
Ende Kauf und Verkauf,
ende dein Böse und Gut,
denn dort sind keine Märkte und Läden,
in dem Land,
in das du gehst.

O mein Herz!
Du kennst nicht alle Geheimnisse
dieser Stadt der Liebe:
In Unwissenheit kamst du,
und unwissend gehest du wieder.
O mein Freund,
was tatest du mit diesem Leben?
Du nahmst auf dein Haupt
die Last schwer mit Steinen,
und wer ist's,
der sie dir leicht macht?
Dein Freund steht am anderen Ufer,
aber du denkst niemals daran,
wie du Ihn triffst.
Das Boot ist zerbrochen
und noch immer sitzest du auf der Bank,
und so wirst du sinnlos
von den Wellen geschlagen.
Der Knecht Kabir bittet dich zu bedenken:
Wer ist am Ende,
der deiner sich annimmt?
Du bist allein, hast keine Begleiter:
Du wirst die Folgen tragen
deiner eigenen Taten.

Die Veden sagen,
dass das Unbedingte
jenseits steht aller Welt
des Bedingten.
O Weib, was nützet es dir
zu streiten,
ob Er jenseits von allem
oder in allem?
Sieh du alles
als deine eigene Heimstatt,
der Nebel aus Freude und Leid
kann dort sich nicht ausbreiten.
Dort ist Brahma enthüllt
Tag und Nacht:
Dort ist Licht Sein Gewand,
Licht Sein Sitz,
Licht ruht auf Seinem Haupt.
Kabir sagt:
Der Meister, der wahr ist,
Er ist reines Licht.

Öffne deine Augen der Liebe
und schaue Ihn, der diese Welt durchdringt!
Bedenk es wohl und wisse,
dass dies dein eigenes Land.
Wenn du dem wahren Meister begegnest,
wird Er dein Herz erwecken.
Er wird dir das Geheimnis der Liebe sagen
und des Losgelöstseins,
und dann wirst du wahrhaftig wissen,
dass Er über das Universum hinausreicht.
Diese Welt ist die Stadt der Wahrheit,
ihre verschlungenen Pfade erfreuen das Herz:
Wir können das Ziel erreichen,
ohne die Straße zu queren,
und so ist das Vergnügen ohn Ende.
Wo der Kreis vielfarbiger Freuden
ewig tanzt um Ihn,
dort ist das Vergnügen ewiger Wonne.
Wenn wir dies wissen,
dann ist all unser Empfangen und Entsagen vorbei.
Von da an wird die Hitze des ›Habens‹
uns nimmer verbrennen.

Die Endliche Ruhe ist Er:
Er hat die Form Seiner Liebe
ausgebreitet über die Welt.
Von dem Strahl, der die Wahrheit ist,
Ströme neuer Formen entstehen fortwährend:
Und Er durchdringt jene Formen.
Alle Gärten, Haine und Lauben
sind voller Blüten
und die Luft bricht hervor
in Wellen der Freude.
Dort spielt der Schwan sein wundersam Spiel,
dort wirbelt die Ur-Musik um den Einen Unendlichen;
Dort inmitten erglänzt der Thron des Unfassbaren,
auf dem das große Sein sitzt –

Millionen Sonnen sind beschämt vom Glanz
eines einzigen Haars Seines Körpers.
Welch wahrhafte Melodien ertönen
auf der Harfe des ›Weges‹!
Ihre Töne dringen ins Herz:
Dort spielt der Ewige Quell
Seine ewigen Lebensströme
von Geburt und Tod.
Sie nennen Ihn Nirwana,
der die Wahrheit der Wahrheiten,
in dem alle Wahrheit gespeichert!

Dort in Ihm die Schöpfung hält an,
die jenseits aller Philosophie,
denn Philosophie kann Ihn nicht erreichen.
Dort ist eine endlose Welt, o mein Bruder!
Das Namenlose Sein ist dort,
von dem nichts gesagt werden kann.
Nur der kennt es, der diese Gegend erreicht:
Es ist anders als was man hört und sagt.
Keine Form, kein Körper, keine Länge und Breite
ist dort zu sehen:
Wie könnt ich dir sagen, was es ist?
Der kommt zum Pfad des Unendlichen,
zu dem die Gnade des Herrn herabsteigt:
Er ist befreit von Geburten und Toden,
der Ihn erreicht.
Kabir sagt:
Es kann nicht gesagt werden durch Worte des Mundes,
es kann nicht geschrieben werden auf Papier.
Es ist wie ein Stummer,
der etwas Süßes schmeckt –
wie könnte man das erklären?

O mein Herz!
Lass uns gehen
in jenes Land,
wo der Geliebte wohnt,
der mein Herz raubte.
Dort füllt die Liebe das Herz von der Quelle;
doch hat sie kein Seil,
aus der Tiefe das Wasser zu holen.
Dort bedecken keine Wolken den Himmel,
doch der Regen fällt
nieder in sanftem Guss.
O Körperloser!
Bleib nicht sitzen vor deiner Tür,
geh weiter und bade dich
in jenem Regen!
Dort ist nimmer Mondschein
und nimmer Dunkel,
und wer spricht von nur einer Sonne?
Von Millionen Sonnen Strahlen
ist erleuchtet jenes Land.

Kabir sagt:
O Sadhu!
Hör meine unsterblichen Worte –
Willst du dein eigenes Wohl,
prüfe und bedenke es wohl!
Du hast dich vom Schöpfer entfremdet,
von dem du entstammst,
du verlorst den Verstand,
du kauftest den Tod.
Alle Lehren stammen von Ihm,
wachsen aus Ihm:
Wisse dies und fürchte dich nicht.
Höre von mir die Nachricht
dieser großen Wahrheit!
Wessen Namen besingst du,
über wen meditierst du?
O komm weg von dieser Verwirrung!
Er lebt im Herz aller Dinge,
warum also flüchten in leere Verzweiflung?
Wenn du den Meister fern von dir aufstellst,
dann ist's die Entfernung, die du verehrst:
Wenn wirklich der Meister weit weg,
wer ist es dann sonst,
der die Welt erschafft'?
Wenn du glaubst, dass Er nicht hier,
dann wanderst du weiter und weiter
und suchst Ihn vergeblich mit Tränen.
Wo Er weit weg, ist Er nicht zu erreichen;
wo Er nahe, ist Er wirkliche Wonne.
Kabir sagt:
Damit sein Knecht keine Pein erleide,
durchdringt Er ihn durch und durch.
Wisse es selbst, o Kabir,
denn Er ist in dir Kopf bis Fuß.
Singe mit Freuden
und behalt deinen Sitz im Herzen
unveränderlich!

Ich bin weder fromm noch gottlos,
ich lebe weder aus dem Gesetz noch aus der Vernunft,
ich bin weder ein Redner noch ein Zuhörer,
ich bin weder ein Knecht noch ein Meister,
ich bin weder gebunden noch frei,
weder losgelöst noch gebunden.
Ich bin fern von nichts, nichts nahe.
Ich gehe weder zum Himmel noch zur Hölle;
ich tue meine Werke alle,
doch bin ich fern von ihnen.
Wenige nur begreifen
meine Absicht:
Der es begreifen kann,
sitzt unbeweglich.
Kabir sucht
weder einzurichten noch zu zerstören.

Der wahre Name ist wie kein anderer!
Die Unterscheidung von Bedingtheit
und Unbedingtheit
ist nur ein Wort:
Das Unbedingte ist der Same,
das Bedingte Blüte und Frucht.
Wissen ist der Zweig,
der Name die Wurzel.
Glückseligkeit ist dein Teil,
wenn du zur Wurzel gelangst.
Die Wurzel wird zum Zweig dich geleiten,
zum Blatt, zur Blüte, zur Frucht.
Es ist die Begegnung mit dem Herrn,
das Erlangen der Seligkeit,
es ist die Versöhnung von Bedingtem
und Unbedingtem.

Im Anfang war Er allein,
sich Selbst genügend:
formloses, farbloses, bedingungsloses Sein.
Damals war weder Anfang noch Mitte noch Ende;
damals gab's weder Augen noch Dunkel noch Licht.
Damals gab's weder Grund noch Luft,
weder Himmel noch Feuer,
weder Wasser noch Erde,
keine Flüsse wie Ganges und Jumna,
keine Seen, Ozeane und Wellen.
Damals gab's weder Laster noch Tugend,
Schriften gab's nicht,
nicht Veden, Puranas, Koran.
Kabir denkt nach und sagt:
Dann gab es damals kein Tun:
Das Höchste Sein blieb eins
in den unbekannten Tiefen
Seines eigenen Selbst.
Der Meister isst nicht noch trinkt Er,
weder lebt Er noch stirbt Er:
Er hat nicht Form, nicht Konturen,
Farbe nicht Sein Gewand.
Er hat weder Kaste noch Familie noch sonst was –
wie kann Seinen Ruhm ich beschreiben?
Er hat weder Form noch Formlosigkeit,
Er hat keinen Namen,
Er hat weder Farbe noch Farblosigkeit,
Er hat keinen Ort, wo Er wohnt.

Kabir überlegt und sagt:
Er, der weder Kaste noch Land hat,
der formlos und ohne Eigenschaft:
Er füllt allen Raum.
Der Schöpfer brachte ins Sein
das Spiel der Freude:
Und aus OM entstand die Schöpfung.
Die Erde ist Seine Freude,
der Himmel ist Seine Freude,
Seine Freude ist das Leuchten der Sonne und des Monds;
Seine Freude ist Anfang, Mitte und Ende;
Seine Freude Augen, Dunkel und Licht.
Ozeane und Wellen sind Seine Freude;
Seine Freude Saraswati, Jumna und Ganges.
Der Meister ist Einer;
und Leben und Tod,
Einung und Trennung,
alles ist Seiner Freude Spiel!
Sein Spiel ist Land und Wasser,
das ganze All!
Sein Spiel ist Erde und Himmel:
Im Spiel ist ausgebreitet die Schöpfung,
im Spiel begründet.
Die ganze Welt, sagt Kabir,
ruht in Seinem Spiel –
und doch:
Der Spieler bleibt unerkannt.

Die Harfe gibt von sich
murmelnd Musik,
und der Tanz geht weiter
ohne Hände und Füße.
Sie wird gespielt ohne Finger,
gehört ohne Ohren:
Denn Er ist das Ohr und
Er hört zu.
Das Tor ist zu,
aber drinnen ist Wohlgeruch
und niemandes Begegnung zu sehen.
Der Weise wird's wohl verstehen.

Er, der Bettler,
geht betteln.
Aber ich konnte Ihn
nicht erhaschen dabei.
Und was soll ich vom Bettler erbitten?
Er gibt sich ohne mein Bitten.
Kabir sagt:
Ich bin Sein Eigen:
Lass jetzt geschehen,
was denn geschehen soll.

Mein Herz schreit laut
nach dem Haus meines Geliebten,
die offene Straße und der Schutz eines Daches
sind einerlei für die,
die die Stadt ihres Gatten verlor.
Mein Herz findet an nichts Freude,
mein Geist und mein Körper sind verwirrt.
Sein Palast hat Millionen Tore,
aber da ist ein unermesslicher Ozean
zwischen ihm und mir.
Wie soll ich ihn durchqueren, o Freund?
Denn endlos erstreckt sich der Weg.
Wie wunderbar ist diese Lyra gefertigt!
Wenn ihre Saiten recht geschlagen,
verzückt sie das Herz:
Aber wenn die Schlüssel gebrochen
und die Saiten lose,
niemand beachtet sie mehr.
Ich erzähl meinen Eltern mit Lachen,
dass ich am Morgen zu meinem Herrn
gehen muss.
Sie sind zornig, denn sie wollen nicht,
dass ich gehe, und sie sagen:
Sie glaubt, sie gewann solche Herrschaft
über ihren Gemahl,
dass sie haben kann,
was immer sie will,
und deshalb ist sie so ungeduldig,
zu ihm zu gehen.
Lieber Freund,
lüfte leicht meinen Schleier jetzt:
Denn dies ist die Nacht der Liebe.
Kabir sagt:
Hör mir zu!
Mein Herz ist begierig
meinen Liebsten zu treffen:
Ich liege schlaflos auf meinem Bett.
Denke an mich
früh am Morgen!

Dien deinem Gott,
der kam in den Tempel des Lebens!
Spiel nicht die Rolle eines Verrückten,
da doch die Nacht rasch dunkelt.
Er hat auf mich gewartet unzählige Zeit,
aus Liebe zu mir verlor Er Sein Herz:
Dennoch wusst ich nicht um die Wonne,
die mir so nahe,
denn noch nicht erwacht war die Liebe in mir.
Aber jetzt, mein Liebster
hat mir eröffnet den Sinn des Tons,
der mein Ohr traf:
Jetzt, jetzt ist mein Glück da.
Kabir sagt:
Siehe, wie groß ist mein Glück!
Ich habe empfangen
meines Geliebten
unendliche Liebkosung.

Wolken werden dichter am Himmel!
O höre auf die Stimme
ihres Grollens!
Der Regen kommt vom Osten
mit seinem eintönigen Murmeln.
Gib Acht auf die Zäune und Grenzen
deiner Felder,
damit sie nicht überflutet der Regen;
bereite den Boden der Erlösung
und lasse die Schauer der Liebe
und der Entsagung durchtränkt sein
in diesem Guss.
Es ist der kluge Landmann,
der seine Ernte heimbringt;
er füllt seine Gefäße
und ernährt die Weisen und Heiligen.

Dieser Tag ist mir teuer vor allen andern,
denn heute ist Gast in meinem Haus
der Geliebte Herr.
Mein Zimmer und mein Hof sind schön
durch Seine Gegenwart.
Meine Sehnsüchte singen
Seinen Namen,
und sie verlieren sich
in Seiner großen Schönheit:
Ich wasche Seine Füße
und ich schaue auf Sein Gesicht,
und ich liege vor Ihm
als ein Opfer:
Körper, Geist und alles, was ich besitze.
Welch ein Tag der Freude
ist dieser Tag,
an dem mein Geliebter,
mein Schatz kommt in mein Haus!
Alles Leiden flieht mir vom Herzen,
wenn ich meinen Herrn sehe.
Meine Liebe hat Ihn berührt,
mein Herz sehnt sich
nach Seinem Namen,
der Wahrheit ist.
Also singt Kabir,
der Knecht aller Knechte.

Ist da ein Weiser,
der hört die feierliche Musik,
die sich am Himmel erhebt?
Denn Er, der Quell aller Musik,
füllt alle Gefäße bis oben
und ruhet in Fülle Selbst.
Der, der im Körper ist immer voll Durst,
jagt dem nach, was geteilt.
Aber dort quillt ewig
tiefer und tiefer der Klang:
Er ist's – es ist Er!
verschmelzend Entsagung und Liebe in eins.
Kabir sagt:
O Bruder!
Dies ist das Ur-Wort!

Zu wem soll ich gehen,
von meinem Geliebten zu hören?
Kabir sagt:
Wie du nimmer findest den Wald,
wenn du die Bäume nicht wahrnimmst,
so wird Er nimmer gefunden
in abstrakten Begriffen.

Ich habe Sanskrit gelernt,
so lasst alle Menschen
mich weise nennen:
Aber zu was ist es nütze,
wenn ich hilflos treibe,
vor Durst verschmachte
und brenne vor Sehnsuchtsglut?
Sinnlos trägst du auf dem Kopf
diese Last der Eitelkeit.
Kabir sagt:
Leg sie nieder im Staub
und geh weiter,
den Geliebten zu treffen.
Wend dich zu Ihm
als dem Herrn!

Die Frau, die vom Liebsten getrennt,
spinnet am Spinnrad.
Die Stadt meines Körpers
erhebt sich in Schönheit,
und darin ward erbaut
der Palast des Geistes.
Das Rad der Liebe kreist am Himmel,
und der Thron ist gefertigt
aus den Juwelen des Wissens:
Welch feine Fäden die Frau spinnt
und sie schön macht
mit Lieb und Verehrung!
Kabir sagt:
Ich web das Gewinde
von Tag und Nacht.
Wenn mein Liebster kommt
und mich mit den Füßen berührt,
bring ich Ihm dar
meine Tränen.

Unter dem großen Schirm meines Königs
Millionen Sonnen, Monde und Sterne
scheinen!
Er ist der Geist in meinem Geist,
Er ist das Auge in meinem Auge.
Ah, könnten mein Geist und mein Auge
eins sein!
Könnte nur meine Liebe
meinen Liebsten erreichen!
Könnt nur die brennende Glut
meines Herzens Kühlung finden!
Kabir sagt:
Wenn du einest
Liebe und Liebsten,
dann hast du
der Liebe Vollendung.

O Sadhu!
Mein Land ist ein sorgloses Land –
ich rufe es laut allen zu,
dem König und dem Bettler,
dem Kaiser und dem Fakir –
wer immer sucht Zuflucht beim Höchsten,
lasst alle sie kommen
und sich niederlassen in meinem Land!
Lasst sie müde kommen
und all ihre Last
hier niederlegen!

So leb hier, mein Bruder,
dass du leicht das andere Ufer erreichst.
Es ist ein Land ohne Himmel und Erde,
ohne Mond und Sterne,
denn einzig der Glanz der Wahrheit
scheint im meines Herrn Dhurbar.
Kabir sagt:
O geliebter Bruder!
Nichts ist wesentlich
außer der Wahrheit.

Ich kam mit meinem Herrn
zu meines Herrn Haus:
Aber ich lebt' nicht mit Ihm,
und ich erlebte Ihn nicht,
und meine Jugend verging wie ein Traum.
In meiner Hochzeitsnacht
der Chor meiner Freundinnen sang,
und ich ward gesalbt
mit den Salben von Freude und Pein.
Aber als die Feier vorüber,
ich verließ meinen Herrn
und ging weg,
und meine Verwandten versuchten
mich zu trösten am Weg.
Kabir sagt:
Ich werde gehen
zu meines Herrn Haus
mit meiner Liebe bei mir;
dann werd ich erschallen lassen
die Trompete des Triumphs.

O mein Freund,
mein geliebtes Herz,
denke gut nach!
Wenn wirklich du liebst,
warum schläfst du dann?
Wenn du Ihn fandest,
dann gib dich ganz
und nimm Ihn zu dir.
Warum verlierst du Ihn wieder und wieder?
Wenn der Ruhe tiefer Schlaf
dein Aug überkam,
warum Zeit vergeuden,
das Bett zu machen und die Kissen zu ordnen?
Kabir sagt:
Ich sag dir den Weg der Liebe!
Selbst wenn den Kopf es kostet,
warum solltest du darüber weinen?

Der Herr ist in mir, der Herr ist in dir,
wie das Leben in jedem Samen.
O Knecht!
Leg ab den falschen Stolz
und suche nach Ihm in dir selbst!
Millionen Sonnen glänzen im Licht,
das Meer der Bläue erfüllet den Himmel,
gestillt ist das Fieber des Lebens
und alle Flecken hinweggespült,
wenn ich sitz in der Mitte
jener Welt.
Hör auf den Urton der Glocken und Trommeln!
Erfreue dich an der Liebe!
Regen strömt herab ohne Wasser,
und die Flüsse sind Ströme von Licht.
Eine einzige Liebe ist's,
die alle Welt durchdringt;
wenige sind es, die dies voll ermessen:
Blind sind die, die da hoffen,
es im Licht der Vernunft zu erkennen,
der Vernunft, die der Trennung Grund –
weit weg ist das Haus der Vernunft!
Wie selig ist Kabir,
dass er inmitten solch großer Freude
singt im eigenen ›Gefäß‹.
Es ist die Musik der Begegnung
von Seele mit Seele,
es ist die Musik des Vergessens
jeglicher Sorge,
es ist die Musik, die alles,
was kommt und geht,
transzendiert.

Der Monat März zieht heran:
Ah, wer will mich meinem Liebsten vereinen?
Wie soll ich Worte finden
für die Schönheit meines Geliebten?
Denn Er ist getaucht
in reine Schönheit.
Seine Farbe ist in allen Bildern dieser Welt,
und sie bezaubert Körper und Geist.
Die, die das kennen,
kennen das unaussprechliche Spiel
des Frühlings.
Kabir sagt:
Hör auf mich, Bruder!
Es gibt nicht viele,
die dies herausfanden.

O Narad!
Ich weiß, dass mein Liebster
nicht ferne sein kann;
wenn mein Liebster wacht,
wache auch ich;
wenn Er schläft,
schlafe auch ich.
Der ist von Grund auf verdorben,
der meinem Liebsten Schmerzen bereitet.
Wo sie singen Sein Lob,
da leb ich.
Wenn Er sich bewegt,
gehe ich vor Ihm her:
Mein Herz sehnt sich nach dem Geliebten.
Der unendliche Pilgerzug
liegt zu Seinen Füßen,
Millionen Verehrer sitzen da.
Kabir sagt:
Der Liebste Selbst
offenbart den Ruhm wahrer Liebe.

Heute häng auf die Schaukel der Liebe!
Hänge Körper und Geist
zwischen des Geliebten Arme
außer dir vor Liebes Freude:
Bringe die Tränenströme der Regenwolken
in deine Augen
und bedecke dein Herz
mit der Finsternis Schatten!
Bring dein Gesicht
näher zu Seinem Ohr
und sprich von dem tiefsten Verlangen
deines Herzens.
Kabir sagt:
Hör auf mich, Bruder!
Bringe die Schau des Geliebten
in dein Herz.